VOCÊS QUEREM SER SANTOS?

PE. JOSÉ LUÍS QUEIMADO, C.SS.R.

VOCÊS QUEREM SER SANTOS?

VAMOS JUNTOS NESTA JORNADA!

EDITORA
SANTUÁRIO

Coordenação editorial: Ana Lúcia de Castro Leite
Copidesque: Luana Galvão
Revisão: Sofia Machado
Diagramação e capa: Bruno Olivoto

Dados Internacionais de Catalogação na Publicação (CIP)
de acordo com ISBD

Q3v Queimado, José Luís
Vocês querem ser santos? Vamos juntos nesta jornada! / José Luís Queimado. - Aparecida : Editora Santuário, 2022.
80 p. ; 14cm x 21cm.
ISBN: 978-65-5527-177-5
1. Religião. 2. Cristianismo. 3. Santos. I. Título.
2022-401 CDD 240
CDU 24

Elaborado por Vagner Rodolfo da Silva - CRB-8/9410

Índice para catálogo sistemático:
1. Religião : Cristianismo 240
2. Religião : Cristianismo 24

2ª impressão

Rua Pe. Claro Monteiro, 342 – 12570-045 – Aparecida-SP
Tel.: 12 3104-2000 – Televendas: 0800 0 16 00 04
www.editorasantuario.com.br
vendas@editorasantuario.com.br

INTRODUÇÃO

"Então Jesus chegou com eles a um lugar chamado Getsêmani e disse aos discípulos: 'Sentai-vos aqui, enquanto vou ali rezar'. Levou consigo Pedro e os dois filhos de Zebedeu. Começou a sentir tristeza e angústia. Disse-lhes então: Minha alma está em uma tristeza mortal. Ficai aqui em vigília comigo."
(Mt 26,36-38)

Leitores amados, vemos, nesta pequena passagem, que Jesus quis a presença dos amigos no momento mais difícil e doloroso de sua vida. A companhia dos apóstolos, seus discípulos íntimos, trouxe um pouco de conforto para sua alma angustiada e entristecida naquele momento. Assim também acontece conosco quando temos grandes problemas ou devemos assumir importantes trabalhos em nossa caminhada. Se tivermos a nosso lado uma pessoa querida na qual confiamos de verdade, criamos coragem diante dos desafios e das tribulações.

No entanto vemos que esses mesmos amigos falham em sua vigília e não conseguem rezar com Jesus nem ao menos uma hora. Além de todo o sofrimento espiritual que nosso Mestre estava sentindo, somou-se a isso a traição de todos os seus aliados, em quem Ele mais confiava, que acabaram fugindo e deixando-o sozinho. Quanta dor para aquela alma pura! Tanto amou seus protegidos, mas acabou desamparado por todos eles.

Na realidade de hoje, repetimos muitas vezes o gesto dos apóstolos amedrontados. Abandonamos constantemente o Senhor Jesus. Não temos paciência para vigiar e orar com Ele nem ao menos uma hora. Aprendemos, desde nossa tenra infância, que Ele nos ama e, mesmo assim, não correspondemos a esse lindo gesto de entrega total por nós.

Admitindo para nós mesmos que nossas atitudes são, muitas vezes, de indiferença para com Jesus, Filho amado, que nos revela o Pai Bondoso, queremos fazer este caminho espiritual de reencontro e de comprometimento. Vamos construindo um itinerário de aprofundamento na pessoa de Jesus, que nos dará maior conhecimento sobre o Pai, que Ele veio nos mostrar, gerando assim um relacionamento fértil e duradouro. Quanto mais perto do Filho chegarmos e mais intensamente o conhecermos, é certo que mais encantados e apaixonados nos tornaremos pelo Pai Celestial. E o Filho nos levará a aclamar na voz do Profeta Jeremias: *Seduzistes-me, Senhor, e eu me deixei seduzir; vós me dominastes e prevalecestes* (Jr 20,7a). Sim, a presença de Deus é sedutora e apaixonante, e preenche o vazio que existe em nosso ser. Só Deus basta, dizia Santa Teresa de Ávila.

Sem dúvida, nosso maior e melhor modelo de intimidade com o Pai é o Filho. *"Jesus respondeu-lhe: 'Eu sou o Caminho, a Verdade e a Vida. Ninguém chega ao Pai senão por mim. Se me conheceis, conhecereis também a meu Pai; desde agora o conheceis, porque o vistes'"* (Jo 14,6-7). Inspirados pelos seus gestos e pelas suas palavras, seguiremos por este mais seguro Caminho e nos uniremos plenamente ao Pai Celestial.

Começaremos nossa jornada espiritual em busca da santidade indo para o deserto com Jesus. Antes de iniciar sua vida pública, Ele visita seu próprio interior. Ir para o deserto significa conhecer-se mais profundamente; enfrentar as vozes sedutoras do inimigo; estar no silêncio em que habitam os "animais selvagens"; e praticar os sacrifícios a pão e água. Se Jesus começa pelo deserto, é para lá que devemos ir também, aprendendo de sua sabedoria.

O segundo movimento de nossa jornada é mergulhar no sentido mais verdadeiro da imagem do Pai, trazida por Jesus. Quem é este Deus? Como podemos defini-Lo para, com mais conhecimento de causa, fazermos uma nova aliança com Ele? Descobrindo-O em sua essência, será mais natural nos entregarmos a Ele com mais confiança. E, assim, vamos estreitar o vínculo filial com Deus nas orações diárias.

Depois de experimentar a força libertadora do silêncio no deserto, seguiremos os passos de Jesus nos diálogos íntimos e pessoais com o Pai. *"De manhã, bem antes de clarear o dia, ele se levantou, saiu, foi para um lugar deserto e lá ficou rezando"* (Mc 1,35). Seja de madrugada, de manhã ou ao entardecer, Jesus orava fervorosamente. Esse diálogo constante e sincero com o Pai dava-lhe sabedoria para as decisões difíceis de sua Missão. Também construiremos essa confiança inquebrantável em Deus para termos a sabedoria necessária nas decisões mais complicadas de nossa vida.

A terceira parte de nossa jornada exigirá de nós a perseverança. Depois de atingirmos essa chama de amor, que queima em nosso peito, esse crer no Pai sem reservas, apresentaremos práticas para a mantermos acesa. Todo fogo arrefece se não houver o cuidado necessário. Sem o alimento, o corpo míngua e morre. Vamos trazer as palavras de São Paulo para nossa vida: *"Sede assíduos e vigilantes na oração, dando graças"* (Cl 4,2). Mesmo nas tentações e no cansaço, nosso relacionamento com Deus jamais se romperá. Por isso São Paulo nos adverte: *"Não tomeis por modelo este mundo, mas transformai-vos, renovando vossa mente, para que possais discernir qual é a vontade de Deus: o que é bom, o que lhe agrada e é perfeito"* (Rm 12,12).

A quarta etapa de nossa caminhada será a participação fervorosa na vida de comunidade. É ali, de forma privilegiada, que Jesus nos promete sua presença, dando-nos o prazer de seu abraço, de seu sorriso e de seu aroma. *"Porque, onde dois ou três estão reunidos em meu nome, ali estou eu no meio deles"* (Mt 18,20). Ali encontraremos nossos companheiros de caminhada, nossos irmãos e nossas irmãs do Evangelho. Comunidade de caminhantes, que buscam o crescimento espiritual. Cada um trilhando sua própria jornada em diferentes estradas, que levam para um único destino, nossa união completa e inabalável com Deus. Nesse ambiente comunitário, alegremente encontramos a fonte de onde retiramos os alimentos mais saborosos e nutritivos para nossa saúde espiritual: a Mesa da Palavra – *"Na verdade, na verdade, eu vos digo: se alguém guardar minha palavra, não morrerá jamais"* (Jo 8,51); e a Mesa da Eucaristia: *"Eu sou o pão vivo descido do céu. Quem comer deste pão viverá eternamente. E o pão que eu darei é minha carne, para a vida do mundo"* (Jo 6,51).

Finalmente, caminhando em comunidade com perseverança, sem nunca pensarmos em abandonar Jesus no Getsêmani novamente, viveremos na paz dos santos de Deus, que nem mesmo temem a morte. *"Tenho certeza, de fato, de que nem a morte, nem a vida, nem os anjos, nem os principados, nem o presente, nem o futuro, nem os poderes, nem a altura, nem a profundeza, nem outra criatura qualquer poderá nos separar do amor de Deus, que está em Cristo Jesus, nosso Senhor"* (Rm 8,38-39).

E assim, atingindo um crescimento espiritual, uma maturidade na fé, na intimidade com Deus, nos passos de Jesus Cristo, inspirados pelo Espírito Santo, apenas continuaremos na eternidade o que já construímos aqui nesta nossa jornada terrestre. *"Combati o bom combate, terminei minha corrida, guardei a fé. Agora só me resta a coroa da justiça que o Senhor, justo juiz, dar-me-á naquele dia; e não somente a mim, mas também a todos os que aguardam com amor sua manifestação"* (2Tm 4,7-8).

Então essa é a proposta de um pequeno guia prático para nos orientar nessa empreitada em busca da santidade. Esperamos poder entender com mais clareza o que é ser santo nos dias de hoje, marcando a história com nossa presença santificadora. Uma dica muito importante para nosso projeto é que leiamos sempre com bastante atenção os textos bíblicos citados nesta obra, pois são as palavras mais proveitosas para nossa vida de santidade. Digo isso porque, às vezes, quando vemos uma citação bíblica em algum livro, tendemos a não ler com a devida cautela. Meu outro humilde convite a vocês, amados leitores, irmãos e irmãs neste longo e árduo caminho na busca da santidade, é que nos ajudemos mutuamente no decorrer da estrada. Quão belo é ser auxiliado por Simões Cireneus enviados pelo Pai que tanto nos ama! Boa jornada a todos.

PRIMEIRA ETAPA

RECOLHIMENTO

1 – Temos ouvidos, mas não ouvimos

Os primeiros passos de um novo caminho são sempre os mais incertos. Não sabemos quanto tempo vai durar, qual a situação das estradas e se teremos fôlego para continuar, sem logo voltarmos correndo para trás. No entanto é também neste momento de nossa caminhada que temos mais energia e entusiasmo, até mesmo uma euforia. Esta é percebida, por exemplo, no fato de que acabamos de tomar este livro nas mãos e já queremos nos transformar em santos, como se plantássemos uma semente de árvore frutífera hoje e, rapidamente, quiséssemos colher os frutos amanhã. Por isso, nesses passos iniciais, vamos à proposta de silenciar nosso coração: vamos para o deserto.

Percebem que tudo em nossa volta está barulhento? Há muito ruído em nosso ambiente de trabalho, em nosso lar, nas ruas de nossa cidade e, até mesmo, em nossas igrejas. Nossa vida está tão ruidosa que não conseguimos nem mesmo ouvir o outro a nosso lado. Pode ser que já acordemos com o som bem alto de um despertador. O esposo ou a esposa já começam a discutir pela manhã, vivendo um relacionamento conturbado; os filhos se põem a chorar, ou já vêm chorando desde a madrugada. Assim, o sono fica todo comprometido; o corpo e a mente apresentam cansaço. O trânsito nas cidades grandes vem se somar à fadiga já acumulada. Discussões com o chefe no trabalho ou com um dos colegas; represálias por parte de nossos superiores; brigas com os pais, esposos ou filhos; desavenças na comunidade em que participamos; problemas de saúde dos familiares ou nossos próprios; medo constante da violência em nossas cidades e em nossos bairros. Tantos são os tormentos do dia e da noite que já não conseguimos ouvir ninguém.

Quando finalmente encontramos um tempo livre e de tranquilidade, geralmente gastamos tudo com muita voracidade no mundo digital. Às vezes, passamos longos intervalos jogando nos videogames (e jogos violentos, na maior parte!); isso quando não dispensamos horas a fio nas redes sociais, especialmente em sites de fofoca, ou vemos vídeos e mensagens que não trazem nenhuma contribuição de qualidade para nossa vida. É incrível quanto tempo gastamos no Instagram ou no Facebook, por exemplo, à procura de algo que preencha nossa curiosidade, sem mesmo ter em mente o que estamos procurando! Continuamos arrastando a tela para cima, em um círculo vicioso, em busca de entretenimento nos *"reels"* e nos *"stories"* alheios; visitamos incontáveis perfis para saber da vida dos outros, próximos ou distantes, conhecidos ou desconhecidos, esperando encontrar alguma imagem, informação ou algum tutorial que possa acalmar as tempestades internas. Ficamos ainda mais cansados, tornamo-nos mal-humorados, vivendo uma vida cheia de angústia e desânimo. Longe de Deus; longe das pessoas; longe de nós mesmos. Fisicamente, a nosso redor, nesse suposto tempo livre, tudo está silencioso; no íntimo de nosso ser, o mundo nos tortura com seus berros!

Você já presenciou esta bizarra cena de nosso mundo moderno em que vemos duas pessoas sentadas à mesa para celebrarem, comemorarem ou sentirem o prazer da presença uma da outra, em casa ou em um restaurante, mas cada uma com um celular na mão, imersas e focadas na tela? Talvez até mesmo nós já tenhamos agido dessa forma. Não há possibilidade de se ouvir o que a outra pessoa tem para nos dizer, pois as interferências são muitas. O olhar, o sorriso, o contemplar a pessoa amada desaparecem aos poucos, pois as telas capturam nossa atenção e roubam de nós o tempo de qualidade. Mesmo fisicamente presentes, estamos espiritualmente ausentes.

Assim como os ruídos das tecnologias distorcem o foco das pessoas que se sentam à mesa para celebrarem, eles também nos põem surdos aos apelos de Deus. Nos textos bíblicos, notamos que Ele tenta se comunicar com seu povo e reforçar sempre a aliança de confiança e amor mútuos. Muitas vezes, o ser humano se corrompe e não consegue mais sentir a divina presença consoladora. Nos relatos do Dilúvio, no capítulo 6 de Gênesis, e da destruição das cidades de Sodoma e Gomorra, no capítulo 18 e 19 do mesmo livro, o povo havia se obstinado no pecado e não conseguia mais ouvir os clamores do Senhor. Aprisionados pelos afazeres barulhentos da terra, todos se distanciaram d'Aquele que os amou primeiro e os escolheu como criaturas prediletas. Esse distanciamento causado pelos ruídos do mundo trouxe a destruição àqueles que já não ouviam a voz do céu, sendo submersos nas águas ou desaparecendo no fogo e no enxofre. Assim é também conosco, estamos tão ensurdecidos pelos barulhos de nossa vida cotidiana que já não ouvimos a voz de Deus. O mundo fala a nossos ouvidos com muito mais vigor, com um alto volume insuportável e nos priva do diálogo com o Pai.

2 – Em saída para o deserto

Quando Jesus deixa o barulho de sua vila de Nazaré e parte para o deserto, depois de ser batizado por João Batista, começa a viver intensamente aqueles quarenta dias e aquelas quarenta noites de exercícios espirituais. *"Depois, Jesus foi levado pelo Espírito ao deserto, para ser tentado pelo diabo. Durante quarenta dias e quarenta noites, esteve jejuando; depois sentiu fome"* (Mt 4,1-2). Sendo verdadeiramente humano, como nós, Jesus confronta seu próprio eu. Naqueles quarenta dias e naquelas quarenta noites, Ele medita sobre todos os riscos, todas as glórias e frustrações que viriam como consequências de suas palavras e seus gestos entre o Povo de Israel. Imaginemos quão longas e libertadoras foram aquelas noites! O silêncio verdadeiro é sempre convidativo para uma revisão de vida. Depois da energia empregada com qualidade em seu "tempo livre" (recolhimento espiritual), Ele toma a decisão que vai mudar o curso da sua vida e da nossa história.

O desconhecido rapaz de Nazaré, na distante Galileia, tornar-se-á um Mestre que vai ensinar com autoridade e sabedoria tudo o que o Pai lhe confiou.

Decisão tomada, chegam as tentações. A palavra diabo vem da língua grega (*διάβολος*) e significa, literalmente, "aquele que divide" (o divisor). A voz sedutora no deserto tenta semear cizânias no coração de Jesus, no intuito de que Ele duvide de seus compromissos. Em vez de servir somente a Deus, entregando-se totalmente a Ele até as últimas consequências, o diabo oferece outras propostas mais doces: fama, posses, prazer, poder. Jesus vence a primeira batalha contra essas vozes, que, volta e meia, retornarão para atacá-lo.

O mesmo se passa com Santo Antão, o Grande, lá por volta do ano 300 de nossa era. Lembram? Na história de sua vida, escrita por Santo Atanásio, sabemos que Antão vende todos os seus bens e os dá aos pobres. Ele se encaminha para o deserto, pensando em se entregar totalmente à vontade de Deus. Nessa caminhada espiritual, ele é tentado por pensamentos de riqueza, de prazer e de fama e, para o desgosto do tentador, recusa convictamente todas essas investidas. Durante seu tempo de recolhimento em uma pequena habitação no deserto, entre os sepulcros, ele é tentado a deixar sua firme resolução de ser íntimo e fiel a Deus. Jamais cedeu, ainda que as tentações tenham sido insistentes.

Nesse nosso início de caminhada, estamos rumando ao deserto espiritual. Seguindo os passos e exemplos de Jesus e, também, de seu bom discípulo Antão, vamos procurar esse espaço silencioso para fazermos nossos exercícios espirituais. Por que não usarmos nosso quarto como essa habitação desértica? É ali que podemos começar a transformar nosso relacionamento com nós mesmos. Conforme foi descrito anteriormente, o barulho excessivo de todos os dias faz-nos viver no piloto automático. Parece até que estamos em uma dimensão virtual, sequer prestando atenção em nossos dias, que passam como o orvalho da manhã. Tudo se transforma em monotonia! A vida passa como um fio de teia de aranha diante de nossos olhos, tão belo e frágil que, a qualquer momento, pode vir a se romper. Nossa memória está cada vez mais fosca; às vezes nem nos lembramos do que comemos no café da manhã ou com quem conversamos dois dias atrás. Usemos nosso cantinho mais sagrado para nos entregarmos totalmente a Deus.

Em uma de suas cartas internas para os membros da Congregação que ele fundou, Afonso de Ligório, Santo e Doutor da Igreja, aconselhava o mesmo acima: *"Peço a cada um que ame seu quarto e não se dissipe andando o dia todo para lá e para cá. Sejamos avarentos do tempo para empregá-lo na oração, nas visitas ao Santíssimo Sacramento (que quer estar conosco)"*. Conselho valioso do Santo Doutor para seus religiosos, mas que também vale como inspiração para que façamos uso daquilo que é simples e que pode nos ajudar nessa saída urgente para o deserto espiritual.

3 – Medidas práticas para o recolhimento

Sabemos que há muita luz e muito ruído em nosso quarto. Os celulares estão sempre ligados. As telas dos televisores e dos computadores também clareiam e nos bombardeiam de ruídos, os mais diferenciados possíveis, assim como nossos rádios e demais aparelhos eletrônicos. Alguns casais ficam na mesma cama, mas cada um com seu próprio celular, vivendo em mundos distantes e diferentes. Às vezes, os filhos também estão na cama com os pais, com suas máquinas modernas, trazendo um universo de interferências para dentro daquele espaço sacrossanto de silêncio e de encontro com Deus.

Nossa primeira medida prática é transformar esse ambiente. Preparemos um pequeno altarzinho com o Cristo Crucificado, as Sagradas Escrituras ou alguma imagem que traga à nossa mente as ideias de confiança, amor e calmaria. Deixemos todos os meios de comunicação excluídos desse momento sagrado de encontro íntimo com o Pai Celestial. É assim que iniciamos o processo de distanciamento dos sons externos para confrontarmos aqueles que agitam nosso interior.

Mais uma vez, valemo-nos dos conselhos de Santo Afonso de Ligório aos membros de sua Congregação sobre a importância do silêncio, em uma de suas cartas internas: *"Agora recomendo o silêncio: onde não há silêncio, não há recolhimento; e onde não há recolhimento, só há desordem e pecado. Um dos maiores bens que a Congregação nos proporciona é o benefício do silêncio; e quem perturba o silêncio causa dano a si e aos outros"*. Isso que Afonso descreve é o que veio a acontecer àqueles que pereceram no Dilúvio e na destruição das cidades de Sodoma e Gomorra. É certo que muitos não terão em suas casas esse benefício proporcionado pelo instituto sobre o qual Santo Afonso falava acima, mas nos sacrificaremos em busca desse lugar sacrossanto em nosso lar, pois será de grande utilidade à nossa espiritualidade.

É ali que vamos fazer o compromisso de nos entregar totalmente à vontade de Deus, desviando-nos de tudo aquilo que traga barulho e agitação para nossa vida. Podemos preparar esse ambiente com uma música gregoriana sacra e com uma vela que nos lembre a presença acolhedora e purificadora do Espírito Santo. É certo que o uso do aparelho eletrônico é justificado para o ambiente musical de pano de fundo. Se há um cônjuge no quarto, é importante que você planeje outro espaço físico para ser seu oratório sagrado de silêncio nesse primeiro momento. Em um passo mais adiante, falaremos sobre construir também um cantinho que acolha mais pessoas, na oração em família. É hora de acalmarmos as tempestades interiores, usando a autoridade e a convicção com as quais Jesus se dirige à tempestade nos Evangelhos: *"Acordando, ele repreendeu o vento e disse ao mar: 'Silêncio! Acalma-te!' O vento cessou e fez-se uma grande calma"* (Mc 4,39).

Conseguindo esse clima de tranquilidade em seu quarto, ou em outro cômodo mais favorável, vamos agora confrontar nossos demônios internos, que também são muito irrequietos. Deixemos as canções irem penetrando o mais íntimo do nosso ser, afugentando todas as preocupações que nos invadem no momento presente. Busquemos a paz de espírito! Inspiremos o ar a nossa volta, bem lenta e profundamente, e o expiremos da mesma forma. Repitamos essa respiração focada por diversas vezes, até que nossa alma esteja plenamente aberta ao silêncio em que Deus vai nos falar. É na brisa suave que Ele se comunica (cf. 1Rs 19,12).

Silenciado nosso coração nesse minideserto espiritual, vamos propor a Deus um relacionamento franco e cheio de confiança. É ali que ofereceremos um sacrifício verdadeiro de nossas paixões, nossos pensamentos, projetos, medos e nossas limitações. Primeiramente, prometeremos combater diariamente uma das tentações mais difíceis, que nos afasta sempre da paz interior e do recolhimento: o falar mal das pessoas. Diz São Tiago em sua carta: *"Mas a língua, ninguém a pode domar: é uma praga sem descanso, cheia de veneno mortal. Com ela bendizemos o Senhor e Pai e com ela maldizemos os homens, feitos à semelhança de Deus"* (Tg 3,8-9).

Isso mesmo, vamos nos propor, nesse nosso ambiente sagrado, nesse nosso deserto doméstico, a usar a língua para falar sobre as coisas boas da vida; elogiar as pessoas a nosso redor; e não nos entregar ao descontrole das palavras que machucam e matam nosso próximo. Tentaremos controlar nossa vontade de falar dos outros, pois, na imprudência das palavras, sempre buscamos acentuar os defeitos de nosso cônjuge, nossos filhos, nossos pais, nossos amigos, nossos confrades, nossos vizinhos. Não queremos nos identificar com aquele que o salmista descreve: *"Sua boca está cheia de maldição, de enganos e de fraude; debaixo de sua língua há insulto e maldade"* (Sl 9b).

Se conseguirmos falar menos amanhã, vencendo todas as demais investidas do tentador, começaremos o processo de amadurecimento da fé, pois seremos mais decisivos em nossa escolha de não ceder às vozes sedutoras. É tão fácil e prazeroso falar mal dos outros em uma roda de zombadores, especialmente daquelas pessoas pelas quais não temos nenhum apreço. Infelizmente, se encontramos um grupo que esteja "malhando" determinado "Judas", não passamos adiante sem antes dar umas bordoadas também. *"É feliz quem não segue o conselho dos maus, não se detém no caminho dos pecadores nem toma parte nas reuniões dos zombadores..."* (Sl 1,1).

Com essa decisão tomada, entregue ao nosso altar pessoal do sacrifício, podemos terminar nosso dia com a paz interior, que é própria daqueles que buscam a face do Senhor (cf. Sl 24,6). Resolutos em nossa proposta para a melhoria interior da nossa turbulência emocional e espiritual, fazemos o primeiro movimento de preparação para o terreno do nosso coração. Antes do plantio, sabemos que a terra precisa ser arada e gradeada, para que todos os nutrientes fortaleçam a semente que ali pousará. O controlar nossa língua será o primeiro movimento de fé que auxiliará na germinação da nossa sementinha espiritual. Já no dia seguinte, poderemos ver os primeiros resultados quando formos mais fortes que nossas tentações em falar mal, fofocar e julgar nossos irmãos e nossas irmãs.

Oração da entrega total a Deus no cantinho pessoal

Senhor, meu Deus, reconheço que me afastei de vós.
Tantas vezes abandonei vosso Filho amado nas
lágrimas do Horto das Oliveiras;
inúmeras vezes, fugi do vosso amor eterno.
Hoje, redescubro neste meu deserto espiritual
vossa Face de Misericórdia,
na mesma alegria grandiosa de um filho que
reencontra seu pai depois de muitos anos;
meu coração agora explode de alegria por
vos ver de novo.
Obrigado por não terdes desistido de mim!
Não quero jamais voltar a decepcionar-vos!
Entrego-vos hoje todo o meu ser; a minha vida.
Prometo me recolher no deserto espiritual para
transformar minha vida e a dos outros.
Não deixeis que eu caminhe sozinho, pois conto
convosco para derrotar as tentações.
Segurai minha língua todas as vezes que eu quiser
diminuir meu próximo.
Dai-me inspiração nas palavras, para que, falando
menos, eu possa edificar mais.
Colocai em minha boca as palavras corretas para os
momentos acertados.
Senhor, eu começo a sentir a chama de vosso amor a
queimar novamente na minha alma. Obrigado! Amém!

Terminar a noite com 1 Pai-Nosso e 5 Ave-Marias.

SEGUNDA ETAPA

CONFIANÇA

1 – Confiando totalmente em Deus

Existe uma oração mais perfeita que a do Pai-Nosso? Ela foi ensinada pelo próprio Jesus, Deus Encarnado. *"Eu lhes dei a conhecer vosso nome e lhes darei a conhecê-lo, para que neles esteja o amor com que me amastes, e também eu esteja neles"* (Jo 17,26). Foi Ele que nos revelou o Pai, para que nós pudéssemos sentir o mesmo amor infinito e imensurável que o Pai sempre lhe dedicou. Por isso essa oração é realmente a mais completa e a mais sublime para consolidarmos essa confiança em Deus.

Nas belíssimas palavras de São Cipriano de Cartago, bispo e mártir, em seu Tratado sobre a Oração do Senhor, entendemos melhor a importância do que Jesus nos transmitiu: *"Dentre todos os seus conselhos salutares e preceitos divinos com os quais orienta seu povo para a salvação, Ele mesmo também ensinou uma forma de oração – o próprio Jesus nos recomendou e nos instruiu sobre o que devemos rezar. Aquele, que nos fez para a vida, ensinou-nos também a rezar, com a mesma bondade com a qual quis dar e conferir a nós todas as demais graças; para que, ao falarmos com o Pai com aquela oração e súplica que o Filho nos ensinou, possamos ser mais facilmente ouvidos".*

Já aprendemos a cuidar com muito carinho do nosso espaço sagrado, no deserto simbólico. E já começamos a ver a sementinha que plantamos apontando seus brotos na nossa alma. As tentativas de não continuarmos falando, a torto e a direito, das pessoas que fazem parte do nosso convívio começam a trazer a paz e a calmaria para nossa vida interior. É certo que temos ainda um longo caminho pela frente. Antes de transformarmos a realidade em que estamos inseridos e as pessoas ao nosso redor, temos de focar na nossa transformação espiritual. Se o mundo está gritando do lado de fora, mas a paz reina do lado de dentro, estamos no caminho certo.

Você percebeu que, na Oração do Pai-Nosso, fazemos a entrega total de nosso ser à Santa Vontade do Pai? É certo que nós nos entregamos somente àqueles nos quais temos plena confiança. São palavras muito profundas de comprometimento. *"Seja feita a vossa vontade, assim na terra como no céu"* (Mt 6,10).

Tragédias e frustrações acontecerão na nossa vida, isso é certo, e mesmo assim estamos nos comprometendo a confiar sempre na Vontade de Deus, que sabe mais e que pode mais. Pensemos no exemplo de um familiar que cai de cama com uma doença incurável: fazemos novenas, orações, promessas e todos os tipos de súplicas a Deus, mas a pessoa amada acaba sucumbindo à agressividade da doença; como agiremos nós? Muitos se revoltarão contra Ele e com toda a multidão celeste. E outros casos de tragédia na família? Inúmeros acidentes tiram a vida de pessoas queridas todos os dias. A violência ceifa do nosso convívio pessoas que nos são tão caras. Como enfrentar tudo isso? O que nós nos propomos, compreendendo mais profundamente a oração do Pai-Nosso, é entregar tudo nas mãos do Pai, mesmo sofrendo a dor da perda e as lágrimas da saudade. Ainda que não compreendamos as razões por trás das tragédias que nos acometerão, nosso espírito estará pronto para se resignar à vontade de Deus, pois esse é o prêmio de um relacionamento de verdadeira confiança.

É com essa certeza consolidada que poderemos dar os próximos passos; e é uma etapa fundamental! Se nós não nos entregarmos totalmente à Vontade de Deus, com plena convicção, desistiremos desse relacionamento sagrado no primeiro contratempo que encontrarmos em nosso caminho; na primeira oportunidade em que nossa vontade não for realizada, abandonaremos esse projeto lindíssimo de jornada para o crescimento espiritual, rumo à santidade.

2 – Para confiar, precisamos conhecer

Mas como ter uma ideia mais clara deste Deus em quem depositamos toda a nossa confiança? As Sagradas Escrituras dizem que Ele nos criou por amor, fez aliança com seu povo escolhido e, mesmo depois de ser traído muitas vezes, jamais desistiu das suas criaturas amadas. No entanto é nos ensinamentos de Jesus Cristo que encontramos a mais clara imagem desse Deus. Descobrimos a face misericordiosa desse Pai, que nos espera sempre de braços abertos, contanto que nosso amor seja livre e verdadeiro.

A parábola do Filho Pródigo e do Pai Misericordioso, no capítulo quinze do Evangelho de Lucas, é o maior tesouro didático que Jesus nos deixou, pois ali ele nos presenteia com uma claríssima definição de quem é esse Deus, seu Pai Amado. É bom que façamos uma leitura atenciosa dessa passagem nas Sagradas Escrituras, que é basilar para nossa fé, pois assim conheceremos mais verdadeiramente Aquele a quem entregaremos toda a nossa vida.

Na parábola, podemos perceber que os dois filhos vivem na casa do pai e ali possuem tudo do bom e do melhor; nada lhes falta. O mais novo, por sua própria vontade e na liberdade que o pai lhe dá, faz a escolha de pegar o que lhe é de direito e seguir seus próprios caminhos. O pai concede ao filho esse pedido, pois não obriga ninguém a permanecer ao seu lado, porque o amor precisa brotar de uma escolha livre. O filho mais velho continua ao lado do pai, ainda que sem consciência das graças e bênçãos que recebe todos os dias, por estar envolto pelo barulho dos seus afazeres mundanos e não conseguir ouvir a voz daquele que o ama, mesmo estando tão próximo.

Nesses novos caminhos, o filho mais novo, munido do dinheiro que recebe do seu pai, experimenta todas as delícias do mundo, responde a todas as vozes sedutoras e se arrisca em todos os prazeres que lhe dão satisfação temporária. Entrega-se totalmente aos interesses mundanos e aos sabores fugazes que a carne lhe propicia. Não demora muito para perceber que seus bolsos estão vazios e que já não encontra mais o que lhe satisfaz; afinal, todos nós encontramos o vazio existencial quando investimos todas as nossas forças nos deleites terrenos. Já não encontrava ninguém que o amparasse, pois todos os ditos amigos com quem se deparou pelo caminho estavam apenas interessados em si mesmos, sugando dele aquilo que podiam.

Em um simbolismo assustador, porém bem realista, vemos esse filho mais novo cuidando de porcos. Observamos que ele tenta comer a comida dos animais, pois já não possui mais nada das graças que recebeu do pai. Ele está sujo com a lama do pecado e aqueles alimentos terrenos já não o satisfazem, pois nem mesmo a comida dos porcos lhe davam. Ele se torna infame ao chafurdar-se na pocilga, principalmente sendo ele um judeu, para quem os porcos são animais impuros perante a lei. Esse rapaz, no "fundo do poço", começa a fazer um exame de consciência e, como nós, nessa jornada espiritual, vai para o deserto interior. Mesmo no chiqueiro da vida, podemos nos dirigir ao recolhimento do silêncio espiritual! Ele pensa na graça e na alegria que possuía quando estava ao lado do pai. E dá, então, este passo de completa confiança ao sair da lama, deixando os porcos para trás e partindo para os braços paternos. Assim como, livremente, escolheu deixar o pai, precisa voltar a ele com a mesma liberdade. O amor precisa ser livre!

É no momento em que esse filho transviado chega próximo à casa de seu progenitor, na parábola, que Jesus descortina a face escondida do seu próprio Paizinho Querido *(Abba)*, na vida real. O pai avista o filho de longe. Com certeza, estava ansioso olhando para o horizonte, todos os dias, com esperança de ver o vulto do seu filho lá no longínquo. Ele vai ao encontro do amado que, livremente, retorna para seus braços. Agora lhe cobre de beijos e o abraça, tratando-o como príncipe (anel, sandálias novas). O afável homem não diz absolutamente nada em resposta ao pedido de perdão que o filho lhe faz. Ele não quer falar do que já passou. Quer aproveitar ao máximo o momento do encontro daquele que estava perdido, do retorno daquele que estava morto. E, em um gesto importantíssimo, o pai entrega ao filho uma túnica nova, para que não seja permitido que as memórias daquele triste passado, impregnadas nas manchas e no cheiro da velha veste, entrem na belíssima casa do amor, que simboliza o recomeço da nova vida. Que lindo saber que todos nós podemos receber esses beijos e abraços de Deus, nosso Pai Misericordioso, que nos aguarda alegremente com uma vestimenta nova nas mãos para que troquemos esta manchada e suja que agora usamos!

Sim, aprendemos com Jesus que aquele pai misericordioso, que recebe o filho pródigo e desviado, é o próprio Deus Pai a quem devemos dirigir a oração da qual falávamos há pouco. Ele vigia ansioso, todos os dias, esperando que apontemos lá longe, no caminho de volta, trazendo um coração arrependido e decidido a confiar totalmente na sua misericórdia. Sabemos não merecer seu perdão, pois deixamos sua casa pela liberdade da nossa escolha, ferindo-lhe o coração; mas aprendemos também, de Jesus, que Ele jamais rejeita um coração arrependido. Como já rezávamos na oração antiga do Salmo 50: *"Sacrifício para Deus é um espírito contrito; não desprezais, ó Deus, um coração contrito e humilhado"*. Tendo essa definição clara de quem é, realmente, nosso Deus, confiemos inteiramente nesse Pai Misericordioso.

3 – A oração como fortalecimento da confiança

Meus queridos leitores, quando tomamos a decisão de nos entregar totalmente à vontade de Deus, sabendo que Ele é um Pai rico em misericórdia, já prevíamos os desafios que iriam se apresentar pelo caminho. No entanto é necessário que jamais nos esqueçamos de que foi nos dado um auxílio dos céus para fortalecermos ainda mais a confiança no Senhor Deus: a Oração.

Havia um bispo e escritor tão famoso em Constantinopla, no século IV d.C., chamado João Crisóstomo, que muitos textos tardios apareceram com seu nome. Um deles define belissimamente o que é a oração. Como não foi escrito pelos punhos do próprio bispo, esse texto recebeu o nome de homilia do Pseudo-Crisóstomo. Vale a pena darmos uma olhadinha juntos para apreendermos melhor no nosso coração a importância da oração: *"A oração é a luz da alma, conhecimento verdadeiro de Deus, a que faz a mediação entre Deus e os homens. Por meio dela, a alma sobe aos céus, unindo-se ao Senhor em um abraço tão gostoso que nem dá para exprimir; comparando-se a uma pequena criança que chora e chama por sua mãe, a alma também deseja o leite dos céus, demonstra seus desejos próprios e consegue presentes maiores do que tudo que é natural e tangível. A oração é uma respeitosa portadora da mensagem que nos leva à presença de Deus, alegra a alma e acalma o coração"*.

Que linda definição! É assim que queremos fortalecer nossa confiança em Deus, dia após dia. Voltamos decididos aos braços do Pai Misericordioso e estamos novamente em sua presença inebriante. Elevando nossa alma, por meio de nosso diálogo com Ele, queremos sentir o gozo verdadeiro que brota desse abraço íntimo e prolongado. Nossa alma estará alegre e nosso coração cheio de paz, pois nos dedicaremos à oração diária. Como devemos rezar? Começaremos recitando o Pai-Nosso, todos os dias. Um texto antigo do primeiro século, chamado Ensinamento dos Doze Apóstolos (Didaqué), dizia que os cristãos rezavam a oração que o Senhor nos ensinou três vezes durante o dia. Rezar a oração ensinada pelo próprio Jesus é alegrar o coração do Pai Misericordioso, pois repetimos as mesmas palavras que seu Filho Predileto usava com seus discípulos.

Outra forte aliada para maior entendimento do amor do Pai Misericordioso na nossa vida é a contemplação do mistério da Encarnação. A oração da Ave-Maria é genuinamente teologia bíblica que eleva nossa alma. As palavras do Anjo Gabriel proclamam do céu a grandeza do acontecimento: *"Entrando onde ela estava, disse-lhe o anjo: 'Alegra-te, ó cheia de graça, o Senhor é contigo'"* (Lc 1,28). A declaração inspirada de Isabel no encontro com Maria é a profissão estupefata da humanidade diante de tão exímio presente divino: *"E exclamou em alta voz: 'Tu és bendita entre as mulheres e bendito é o fruto do teu ventre!'"* (Lc 1,42). Portanto a oração da Ave-Maria é fonte de alimento sólido para nossa espiritualidade. Pedimos o amparo da Mãe de Deus, professando nossa fé incondicional no amor infinito do Pai por meio da Encarnação do seu Filho Jesus, por meio da força do Espírito Santo.

Como fizemos referência acima à Trindade, é mais do que certo que a oração do Glória ao Pai é manancial de água pura para a nossa alma. Jamais deixemos de contemplar, agraciados, a perfeição e o amor genuíno da Trindade por todos nós. Buscaremos orientar nossa vida tendo como modelo a união sublime das três pessoas da Trindade, por isso rezaremos com fervor a saudação ao nosso Deus Uno e Trino todos os dias.

A oração é o meio de nos unir plenamente a Deus, disso já não temos dúvida. Afirma Santo Afonso de Ligório em sua obra dedicada e esse tema: *"Se é certo que, sem o socorro da graça, nada podemos, e se esse socorro é concedido por Deus unicamente aos que rezam, segue-se que a oração nos é absolutamente necessária para a salvação"* (A Oração, pg. 19). Afonso tem plena razão. Se não dialogarmos com nosso Pai Misericordioso, como fazia Jesus, o barulho do mundo vai nos distanciar d'Ele, levando-nos à mesma sorte dos que morreram no Dilúvio e nas cidades banhadas pelo enxofre.

A devoção ao Santo Rosário também é uma nascente de onde podemos recolher, buscar água límpida todos os dias, pois contemplar os mistérios da vida de Jesus e de Maria faz--nos mais conscientes do tamanho imensurável do amor desse Pai Misericordioso por todos nós. São João Paulo II escreveu uma linda Carta Apostólica em 2002, ao proclamar o ano do Rosário *(Rosarium Virginis Mariae).* Vale a pena ler com carinho as palavras desse santo sobre a importância dessa devoção para o fortalecimento da nossa confiança em Deus.

Uma última sugestão de um texto das Sagradas Escrituras que nos permite elevar nossa alma ao Pai Misericordioso é o Salmo 130, conhecido na história pelo seu nome em latim *De Profundis* (dos abismos, das profundezas). Nessa oração, demonstraremos nossa confiança na vontade do Pai e estreitaremos ainda mais nossos vínculos de cumplicidade e amor. Portanto essa vai ser nossa oração oficial para consolidarmos cada vez mais a segunda etapa da nossa jornada. Não deixemos de recitá-la, todos os dias, diante do nosso altarzinho do silêncio; do nosso lugarzinho sagrado dentro da nossa casa. Já, nesta fase, podemos também recitar essa oração em uma capela onde haja o Santíssimo, para que comecemos a construir as bases das próximas etapas na busca da santidade.

Oração do Salmo 130

"Do profundo abismo, clamo a vós, Senhor:
escutai minha voz! Sejam atentos vossos ouvidos
à voz das minhas súplicas.
Se considerais as culpas, ó Senhor, quem poderá resistir?
Mas em vós se encontra o perdão, para que sejais temido.
Espero no Senhor, minha alma espera,
confio em vossa palavra.
Minha alma anseia pelo Senhor mais que
as sentinelas pela aurora!
Sim, Senhor, mais que as sentinelas pela aurora.
Israel, põe no Senhor tua esperança;
porque nele está a misericórdia e nele copiosa redenção.
Ele vai redimir Israel de todas as suas culpas."

Terminar o Salmo com 1 Pai-Nosso e 5 Ave-Marias

TERCEIRA ETAPA

PERSEVERANÇA

1 – Provações

Você já testemunhou algum exemplo verdadeiro de pessoas que jamais se deixam abater, não interessa o tamanho e a intensidade das provações? Irmãos e irmãs com uma fé inabalável em Deus, mesmo que tudo conspire contra eles neste mundo? Sim, meus caros leitores, eu também já presenciei muitos desses santos na minha vida. E sempre me perguntava, lá no profundo da minha alma, mesmo em tenra idade, o porquê de tudo aquilo.

Falando com vocês um pouco mais em âmbito pessoal, quando eu era criança, conheci uma santa senhora lá em minha vila da zona rural, no interior do Sudoeste Paulista. Ela estava há mais de 30 anos acamada, sem possibilidade de movimento nenhum nas pernas; somava-se a isso o fato de ela não enxergar absolutamente nada, também há muitos anos. Uma senhora simples, com deficiência visual e sem mobilidade nenhuma, deitada em uma cama por longos anos intermináveis.

Nessa situação, seria muito aceitável que qualquer um de nós viesse a se revoltar com Deus, com nossa própria vida e com todas as pessoas queridas que estivessem ao nosso redor. Mas eu lhes digo que a única imagem que se via no rosto daquela senhora era um sorriso do tamanho do mundo. Era sempre acolhedora e risonha com todas as pessoas que iam visitá-la. Uma alegria contagiante que só poderia brotar de um relacionamento tão estreito entre a amada e o amado, entre ela e Deus.

Realmente, a resposta de Jesus aos discípulos, quando eles, ao verem um cego de nascença, perguntaram-lhe quem pecou para ele estar daquela maneira, é o ensinamento mais libertador que poderíamos receber do Mestre. Jesus é categórico em dizer que aquele irmão sofredor, que não possuía a visão no mundo físico, não estava pagando pecado de ninguém, mas era incondicionalmente amado por Deus, que o acolhia em seu sofrimento e fazia daquele filho dileto um instrumento para manifestar sua glória (cf. Jo 9,1-3).

Aquela senhora do meu bairrinho não pagava pecado dela, muito menos dos seus antepassados. Ela manifestava a grandeza, a majestade e o poder de Deus por meio do seu sorriso, dos seus abraços e da sua alegria em viver. Ela realçava para todos os que se aproximavam dela o cheiro, o sabor e a presença divina, ainda que não conseguíssemos captar com nossos sentidos. E é dessa forma que podemos saber que nos deparamos com um santo: a união entre sua alma e Deus é profundamente íntima.

Anteriormente, nós nos comprometemos a entregar totalmente nosso ser à perfeita Vontade do nosso Pai Misericordioso. Se fôssemos nós a perder a visão ou a mobilidade? E se hoje a tragédia nos surpreendesse? E se perdêssemos tudo o que conquistamos até aqui? E se passássemos a ser esquecidos, humilhados e abandonados por todos a quem mais amamos? E se a enfermidade viesse como um ladrão e nos apanhasse? O que faríamos? Se realmente nos entregarmos ao Deus de Misericórdia, enfrentaremos todos os desafios com confiança em sua bondade e seremos como pequenos frascos de perfumes a exalar o seu doce cheiro por onde formos.

2 – Jó nos ensina

Possivelmente todos os meus leitores conhecem a história de Jó, narrada no livro bíblico sapiencial de mesmo nome. A narrativa começa contando-nos que esse piedoso judeu já havia completado as etapas anteriores da nossa jornada espiritual. Ele era um homem íntegro e reto de espírito, que temia a Deus e evitava o mal. Isso quer dizer que ele permanecia sempre nesse bom propósito. Experimentou a união verdadeira da sua alma com Deus e jamais pensava em se afastar do prazer espiritual que aquele relacionamento lhe possibilitava.

Dessa amizade amorosa, muitos frutos eram colhidos. Jó recebia bênçãos e graças do céu, sem nada temer na sua vida. Confiava plenamente em seu Amado celestial. Quando nos abandonamos totalmente nos braços de Deus, colhemos dádivas espirituais saborosas! Ele também se certificava de que toda a família andasse pelos mesmos caminhos de intimidade com Deus, para que nenhum dos seus amados ficasse sem receber o abraço divino.

Já no início do livro, uma figura enigmática nos é apresentada: satã (שָׂטָן). Esta palavra hebraica, cuja correspondente em grego é satanás (Σατανάς), significa o adversário, o inimigo. A estreiteza da relação de Deus e seu escolhido é tão sólida e bela que Ele mesmo propagandeia o amado a satã: *"Reparaste em meu servo Jó? Não há ninguém como ele na terra: homem íntegro e reto, que teme a Deus e evita o mal"* (Jó 1,8). Não é qualquer um que recebe um elogio tão grandioso como esse vindo do Criador do Universo! No entanto satã não se deixa convencer e pede autorização para colocar à prova os sentimentos de Jó e testar sua sinceridade nesse perfeito relacionamento. Percebemos que Deus confia muito no seu amado terreno e dá permissão àquele que lhe dirige a palavra, afirmando que jamais conseguiria afastar Jó dessa união íntima com Ele; toda a autoridade foi concedida ao tentador, contanto que não tirasse a vida do pobre homem. Imaginem quanta alegria teremos quando chegarmos a esse estágio de ligação com Deus, em que Ele nos defenderá perante tudo e todos!

Satã começa destruindo bênçãos preciosas, que vieram do céu, tentando abalar a confiança de Jó em seu Amado celestial. Depois de devastar os bens materiais, incluindo a vida de muitos servos, o inimigo toma a vida dos queridos filhos do velho homem, privando-o da sua posteridade, da sua descendência. Diante de todas essas tragédias, ele rasga as vestes e eleva essa oração lindíssima de confiança e fidelidade: *"Nu saí do seio de minha mãe, e nu voltarei para lá. O Senhor deu, o Senhor tirou, seja bendito o nome do Senhor!"* (Jó 1,21).

O adversário continuou as provações, privando Jó da sua saúde, com o consentimento de Deus. Sofrendo de uma doença horrível, até mesmo a esposa, que aparece muito pouco na narrativa, lança-lhe questionamentos dolorosos e pedidos inusitados: *"Continuas ainda firme em tua integridade? Amaldiçoa a Deus e morre!"* (Jó 2,9). Realmente, encontraremos muitas vezes a voz da esposa de Jó na nossa jornada de santidade. Inumeráveis convites surgirão de todos os lados para que desistamos desse relacionamento de fidelidade.

O paciente Jó é decisivo e não quer se afastar de todas aquelas delícias espirituais das quais vem se alimentando há anos. Ele responde à sua companheira: *"Falas como uma ignorante! Se de Deus aceitamos o bem, por que não deveríamos aceitar o mal?"* (Jó 2,10). Quanta sabedoria nessas palavras e atitudes de Jó, nas quais podemos nos inspirar para a própria caminhada que nos é árdua. E a história vai continuar por diversos capítulos entre o choro e o sofrimento desse homem justo e os discursos de diversos personagens que querem consolá-lo. No entanto é importante que, na busca da nossa santidade, não queiramos dar lições de moral naqueles que estão enterrados pela angústia. Jó mesmo acaba sendo muito claro a Sofar, a Elifaz, a Baldad e a todos esses discursadores: *"Já ouvi muitas coisas como estas; sois todos consoladores importunos. Quando acabarão vossos discursos vazios?"* (Jó 16,2-3). Jó é humano como nós: sente saudade do passado feliz e lamenta o presente tenebroso. Sofre tanto que não quer ouvir conselhos de outros que nem mesmo sabem o que é o sofrimento. Às vezes, é muito fácil dar conselhos para alguém que perdeu um ente querido por doença, acidente ou violência; dizemos sempre para o enlutado confiar em Deus e não chorar, mas como reagiríamos se fosse conosco?

Voltando brevemente nosso olhar para Jesus, é lindo ver que Ele, além de consolar com palavras os aflitos que perderam os entes queridos, também toma atitudes que trazem vida nova onde a morte reinou. Consola Marta e Maria com palavras, mas também devolve a alegria para elas ao trazer o irmão, Lázaro, de volta à vida (cf. Jo 11,1-29). Quando vê o sofrimento da pobre viúva de Naim, sente uma compaixão tão grande em suas entranhas que é movido a ir ao encontro dela, consolando-a com palavras e presenteando-a com a libertação da sua dor, ao permitir que o filho deitado morto no esquife voltasse à vida (cf. Lc 7,11-17). Também restaura a Jairo e à sua família o motivo de celebrar novamente a vida, depois de trazer de volta sua pequena filha da escuridão da morte com as palavras e atitudes de autoridade: *Thalita Kum!* (cf. Mc 5,21-43).

Depois de tudo isso, podemos concordar que é natural que o justo Jó, depois de tantas dores e tantos sofrimentos, tanta agonia e abandono, também tenha vacilado na fé, pois ele não era de ferro. Questionou Deus por ter se sentido abandonado. A angústia sufoca a vida do justo, e até mesmo o Filho de Deus vai suar sangue no Getsêmani e vai gritar orações de socorro do alto da cruz. No entanto Deus vem enxugar as lágrimas e o sangue que escorrem no rosto daqueles que sofrem, no profundo da solidão. O Senhor Deus Todo-Poderoso lembra a Jó quão pequeno ele é, e o quanto ele, mesmo assim, é amado de forma imensurável.

Depois de reestabelecer a confiança em Deus e refazer seus compromissos, Jó recebe o dobro de bênçãos e graças do céu, pois sua fé e confiança entraram em um estágio de amadurecimento muito superior ao que se via antes. E, assim, aprendemos de Jó essa fidelidade tão importante a nosso Deus, para que jamais desanimemos diante das provações, honrando dessa forma a confiança que Ele deposita em nós.

3 – Não dá para voltar atrás

Nós já andamos uma boa parte do caminho em busca da santidade. Nossos pés já doem e o cansaço começa a bater. Se você teve de caminhar vários quilômetros algum dia por qualquer estrada de terra ou asfalto, com certeza, lembra muito bem daquela sensação de fraqueza e desânimo. Chega um momento que só queremos sentar debaixo de uma sombra fresca e não nos levantar mais. Assim também acontece com nossa jornada espiritual. Na metade do percurso, o desespero quer tomar as rédeas dos nossos projetos e nos descartar à beira do caminho, como aconteceu com o cego Bartimeu.

No entanto já preparamos bem nosso interior. Fomos ao deserto, encontramo-nos com o Senhor Jesus, Ele nos apresentou a face misericordiosa do Pai, entregamos toda a nossa vida, com confiança, nas mãos d'Ele. Rezamos com o salmista no Salmo 56: *"Meu coração está pronto, ó meu Deus, está pronto meu coração. Quero cantar, a vós quero louvar"*. E assim estamos vendo nossa semente crescendo a cada dia, transformada já em uma pequena arvorezinha.

Devemos cuidar, agora, dessa nossa plantinha divina. Se não cuidarmos do que é nosso, tudo irá por água abaixo. Vamos nos lembrar sempre dos seguintes conselhos para que jamais baixemos a guarda diante das tentações e provações da vida. Ouçamos o próprio Cristo: *"Vigiai e rezai para não cairdes na tentação, porque o espírito está pronto, mas a carne é fraca"* (Mt 26,41).

Os discípulos não ouviram o conselho, dormiram e acabaram perdendo a presença de Jesus. Não repitamos o mesmo erro!

Prestemos atenção nos escritos do bispo Cipriano de Cartago, do século III, em seu tratado sobre o bem da Paciência, quando fala dos conselhos do Apóstolo dos Gentios, Paulo: *"Ele adverte para que nenhum homem, pela impaciência, enfraqueça na sua missão; que ninguém deve ser prejudicado ou vencido pelas tentações, desistindo no meio do caminho do louvor e da glória já conquistados; para que o caminho já trilhado não venha a ser perda de tempo e os passos já iniciados não cessem de ser perfeitos"*. Isso mesmo, não queremos perder os prêmios que já conquistamos: crescimento espiritual, controle na língua, foco no que é essencial, abandono do supérfluo e fervor na oração. Tudo isso por causa da graça, que vem de Deus, e pela decisão que tomamos de nos entregar totalmente à sua sabedoria infinita.

E vamos beber de mais uma fonte cristalina da nossa Igreja, o bispo São Cirilo de Alexandria, este do século IV e V, que, em seus Comentários sobre o Evangelho de João, também nos aconselha a jamais permitirmos que essa chama do amor se enfraqueça em nossa alma: *"Nele e por Ele, fomos renascidos no Espírito Santo para que pudéssemos produzir frutos de vida, não de uma vida velha e deteriorada, mas uma que fosse nova, a qual provém do amor por Ele. Só poderemos permanecer nessa vida nova se continuarmos inseridos no Cristo de forma perfeita, se cumprirmos com fidelidade os santos mandamentos que nos foram entregues, se guardarmos com diligência essa grandeza que adquirimos e se não deixarmos triste o Espírito, que habita em nós, ou seja, não entristecer a Deus, que faz morada em nós pelo Espírito"*.

Sim, Senhor, dai-nos forças para vencer as ciladas de satã, pois sabeis que não queremos nos separar de vós. Mesmo que desanimemos, titubeemos, falhemos e tremamos, jamais abandoneis nosso templo espiritual, que vos preparamos com tanta dedicação nessa jornada em busca da santidade.

Queremos ser santos, estamos na busca sincera dessa amizade inseparável convosco, Senhor. Sabemos que há uma rajada de tentativas por parte dos nossos adversários em nos fazer cair. Eles querem dividir a completude do nosso amor, atraindo-nos com várias tentações saborosas ao paladar, mas amargas no coração. Querem que traiamos as pessoas que amamos; que dediquemos todo o nosso tempo à deusa internet; que destruamos nossa paz interior com o uso de drogas e entorpecentes; que percamos o controle com o uso de bebidas alcoólicas em exagero; que nos escondamos em um poço escuro, frio e profundo, criado por nossa mente, adoecendo-nos até a apatia total e a morte espiritual. São tantas as artimanhas do "tentador" que teremos de redobrar nossa atenção no decorrer desta jornada.

Concluiremos esta etapa com a oração da confiança inquebrantável em Deus, que o salmista dirige ao Senhor, principalmente nos momentos de perseguição e angústia, como vimos na vida de Jó. Esta oração do salmo é especialmente libertadora quando sofremos também com os males da alma. Rezemos para combater a depressão, as síndromes diversas, a angústia, a agonia interna, os medos, as compulsões, as incertezas e as mágoas, pois estas palavras são suaves aos ouvidos do nosso Deus e são como chama ardente e destruidora na carne dos inimigos. Não deixemos de rezar todos os dias estas palavras de confiança, pois elas vão nos ajudar a consolidar nossa perseverança.

Oração do Salmo 70(71)

Em vós me refugio, Senhor, não seja eu jamais envergonhado. Por vossa justiça, libertai-me e resgatai-me, prestai-me atenção e salvai-me. Sede para mim um rochedo hospitaleiro, onde possa sempre me refugiar. Ordenastes que eu seja salvo porque sois minha rocha e minha fortaleza. Meu Deus, salvai-me da mão do ímpio, do poder do malvado e do opressor. Porque sois vós, Senhor, minha esperança, sois minha confiança, desde minha juventude. Desde o seio materno tenho em vós meu apoio; fostes vós que me tirastes do ventre da minha mãe. Para vós será sempre meu louvor. Para muitos eu sou como um prodígio; mas vós sois meu abrigo seguro. Do vosso louvor está cheia minha boca, da vossa glória, o dia todo. Não me rejeiteis no tempo da velhice, não me abandoneis quando declinam minhas forças, pois contra mim falam meus inimigos, os que me espreitam conspiram juntos, dizendo: "Deus o abandonou, persegui-o e prendei-o, porque não há quem o liberte". Ó Deus, não fiqueis longe de mim, meu Deus, socorrei-me sem demora. (...) Eu, porém, não perco a esperança e sempre mais vos louvarei. Minha boca anunciará vossa justiça todos os dias e vossa salvação que não sei calcular. Narrarei os prodígios do Senhor Deus e me lembrarei da vossa justiça, somente dela. Vós me instruístes, ó meu Deus, desde minha juventude e até hoje vossas maravilhas proclamo. (...) Muitas angústias e males me fizestes provar; tornareis a dar-me vida, e dos abismos da terra me fareis subir de novo. Aumentareis minha grandeza e me consolareis novamente. Então vos darei graças com a lira, por vossa fidelidade, meu Deus; vou cantar-vos com a harpa, ó santo de Israel. Cantando vossos louvores, exultarão meus lábios e minha vida, que resgatastes. Também minha língua o dia todo proclamará vossa justiça, porque foram confundidos e humilhados os que procuravam arruinar-me.

QUARTA ETAPA

VIDA DE COMUNIDADE

1 – Ali estarei eu

Caros leitores, é certo que já podemos sentir muita diferença depois de todo esse caminho percorrido; já nos é possível contemplar a árvore frondosa em que nossa sementinha está se transformando. Sim, nós preparamos bem a terra com todos os nutrientes necessários (recolhimento, confiança, perseverança), e o mistério da fé foi agindo sobre a semente lançada (nossa vontade de ser santos).

Sabiam que existe uma árvore capaz de viver por mais de quatro mil anos? O pinheiro da espécie *Pinus Longaeva*, no estado da Califórnia, nos Estados Unidos, chega a esse número fantástico de existência com facilidade, assim como as Sequoias gigantes e os ciprestes que vivem cerca de três mil anos. Imaginem viver mais de três milênios! Algumas dessas árvores são mais antigas que Abraão. As oliveiras chegam a viver dois mil anos, e os carvalhos atingem até mesmo 400 anos. Queremos que a sementinha de fé que plantamos cresça e tenha a fortaleza de um pinheiro longevo, a altura de uma sequoia, a resistência de um cipreste e a robustez de um Carvalho. Não queremos ter uma fé lindíssima como uma rosa, mas que seca e cai em muito pouco tempo.

Mais intimamente ligados a Deus, pelos ensinamentos de Jesus e pela inspiração do Espírito Santo, faz-se necessário voltar nosso olhar aos demais filhos amados desse Pai Misericordioso, com o qual fizemos nossa profunda experiência de entrega. É na união dos irmãos que conseguimos atingir aquela fidelidade imprescindível ao nosso único Pai e para nos entendermos como cristãos, imbuídos de santidade, que transformam as realidades do mundo presente.

Após a ressurreição e ascensão de Jesus aos céus, os apóstolos e seus discípulos assumiram com fidelidade o pedido do Mestre para que continuassem o Projeto de Amor do Pai Misericordioso, no mundo inteiro. O salmista já havia profetizado: *"Por toda a terra se difunde seu anúncio e aos confins do mundo sua mensagem"* (Sl 18). É por meio da fidelidade e perseverança dos apóstolos que a mensagem do Evangelho de Jesus chegou até nós.

Sabemos, por meio das Sagradas Escrituras, que esses homens e essas mulheres permaneciam reunidos, celebrando a memória do Mestre, orando ao Pai Misericordioso e partilhando o pão sagrado, alimento espiritual. Lemos nos Atos dos Apóstolos: *"Todos perseveravam unânimes na oração, junto com algumas mulheres, entre as quais Maria, mãe de Jesus, e com seus irmãos"* (At 1,14). Foi por meio dessa fidelidade à memória de Jesus Cristo e confiantes nas promessas que Ele lhes fez que os apóstolos conseguiram transmitir sua mensagem a nosso coração nos dias de hoje, pela Igreja. As conversões eram diárias, pois a Boa-Nova tocava no âmago dos ouvintes, que buscavam libertação das mais diversas prisões que o mundo possuía.

Todos esses convertidos também aprendiam fielmente a mensagem de Salvação do Mestre Jesus, ensinada pelos apóstolos; assim se preservou a inteireza da centralidade da Revelação, por meio da sucessão apostólica. Temos a descrição, também no livro dos Atos dos Apóstolos, de como viviam esses mais primitivos cristãos em comunidade, obviamente com uma dose de idealismo. Eles perseveravam na doutrina dos apóstolos, na vida em comunidade, na fração do pão e nas orações. *"O temor se apoderava de todos, e eram numerosos os prodígios e sinais feitos pelos apóstolos. Todos os que creram estavam juntos e tinham tudo em comum. Vendiam suas propriedades e seus bens e distribuíam o dinheiro entre todos, conforme cada um precisava. Unidos de coração, frequentavam todos os dias o templo e partiam o pão em suas casas, tomando as refeições com alegria e simplicidade de coração. Louvavam a Deus e gozavam da estima de todo o povo. E cada dia o Senhor ia ajuntando à comunidade os que seriam salvos"* (At 2,42-47).

Esse desapego total do mundo e entrega absoluta a Deus deveu-se primeiramente ao fato de terem os apóstolos levado a sério os ensinamentos de Jesus. Eles creram na promessa do Mestre de que não ficariam sozinhos, pois, onde se reunisse a comunidade, Ele ali estaria (cf. Mt 18,20). Por isso, para continuarmos o projeto de Salvação a todos os povos no mundo, precisamos voltar nosso olhar para essa linda promessa de Jesus. Assim como os primeiros cristãos, nesta etapa em que nos encontramos da jornada espiritual, vamos ser Simões Cireneus na vida do próximo que sofre e se angustia; elevemos nosso coração em prece e louvor, inspirando-nos na sagrada liturgia; partilhemos o pão que sobra em nossa mesa. Que tenhamos tudo em comum (pão, fé e dignidade), na alegria da presença real do Nosso Senhor Jesus Cristo.

2 – Igreja doméstica

Os cristãos da igreja primitiva se reuniam nas casas dos congregados para celebrarem a vida nova em Jesus Cristo, na memória viva do partir o pão. Um dos escritos mais antigos fora do Novo Testamento, a Didaqué *(A Instrução dos Doze Apóstolos)*, do final do século I, relata-nos que, no encontro de ação de graças, na fração do pão, todos os membros da comunidade recebiam a comida e a bebida espirituais. Agregar-se no lugar sagrado onde habita a família é uma prática de tempos imemoráveis da nossa caminhada cristã. É ali que nasce a igreja doméstica *(Domus Ecclesiae)*, que se alimenta do pão eucarístico, memória viva do Cristo Redentor. *"As igrejas da Ásia vos saúdam. Áquila e Prisca vos mandam muitas saudações no Senhor, bem como sua igreja doméstica (οἶκον αὐτῶν ἐκκλησίᾳ)"* (1Cor 16,19).

A comunidade-Igreja nasce nos lares dos seus membros, lugar de encontro e de memória. Queremos resgatar esse conceito de igreja doméstica para restaurar nossa vida cristã nos tempos modernos, especialmente nós que buscamos a santidade e já estamos em uma caminhada avançada dessa jornada espiritual. Rezar em família, que convite maravilhoso! Penso que todos os estimados leitores devem se lembrar da experiência de deserto lá do início do nosso percurso; estávamos sós para nos encontrarmos com Deus, trilhando os mesmos passos de Jesus antes de iniciar sua vida pública. Agora, bem diferentes de quando começamos, somos convidados a buscar outros a fazerem o mesmo itinerário. Vamos pegar pelas mãos os irmãos mais afastados de Deus, que talvez estejam acorrentados ao jugo das realidades temporais, das promessas ludibriadoras dos prazeres mundanos e passageiros ou dos vícios e das enfermidades psicológicas, e guiá-los ao "som" expurgador do silêncio no deserto, primeiro passo para a construção de uma verdadeira e duradoura espiritualidade. Assim, passando pelas mesmas paragens que já trilhamos, estarão inequivocadamente preparados para viver e crescer em comunidade.

Se já atingimos um amadurecimento suficiente da fé, somos capazes agora de transmiti-la, com fidelidade apostólica, àqueles que se encontram ainda entregues aos vícios e pecados mais dominadores. Se trouxermos esses irmãos e essas irmãs para a proteção da comunidade, as forças que querem destruí-los serão enfraquecidas diante da defesa divina. Por isso o texto da Didaqué exorta os cristãos a se reunirem todos os dias para que encontrem apoio nas palavras e nas atitudes do próximo. Esse também é o sábio conselho dado pelo papa São Leão Magno, em seus escritos do século V: *"Todos, sem exceção, devemos trabalhar continuamente para que nenhuma pessoa seja encontrada ainda nos vícios do passado, quando chegar o dia da redenção"*.

É nossa missão, como santos, trazer os nossos irmãos e nossas irmãs para dentro da comunidade, lugar da salvação por excelência. E é na igreja doméstica que conseguimos iniciar esse processo, obtendo resultados mais rápidos e duradouros: vamos incentivar a todos para que rezem em família, consagrando seu lar a Jesus Cristo e expulsando desse lugar sagrado todas as forças que devoram nosso tempo precioso com Deus. O Filho, Senhor da nossa casa, vai levar-nos sempre à união permanente com o Pai de Misericórdia; vai libertar nossa família de todos os senhores mundanos, dos deuses modernos que nos escravizam e nos destroem dia após dia. São deidades ciumentas e egoístas que sugam toda a nossa energia: televisão, internet, jogos, bebida alcoólica, drogas, violência, traição, concupiscência, mentiras, indiferença, orgulho, arrogância, ódio... senhores de ontem e de hoje.

Fortaleçamos nossa casa com a oração do terço, das novenas, das práticas de amor a Jesus e devoção a Maria, Virgem e Mãe. Cantemos, louvemos e aproximemo-nos sempre do Cristo Jesus, pois Ele é o Caminho para o Pai de Misericórdia, como já dissemos várias vezes. A oração, como bem descrita no capítulo anterior, é a arma de defesa essencial para o lar permanecer incólume ante a tantas investidas do "divisor". Ensinava-nos Santo Agostinho, o bispo de Hipona e Doutor da Igreja, em um de seus escritos: *"A oração que é elevada de um coração fiel, de forma toda pura, é como o incenso que sobe lá do bendito altar. Não há fragrância mais deleitosa para Deus do que essa; possamos todos nós, os fiéis, oferecer esse agradável incenso ao Senhor"*. Portanto, planejemos um momento para que toda a família se reúna e eleve a Deus esse aroma agradável, assim jamais expulsaremos o Senhor dos nossos lares, como talvez já tenhamos feito no passado.

Família fortificada na fé e na união ao redor do Cristo, rezando ao Pai, pela força do Espírito Santo, é família que está apta para formar comunidade e enriquecê-la com sua espiritualidade madura. A comunidade é a soma de muitos lares transformados pela presença contínua e ativa da Santíssima Trindade. Famílias santas geram comunidades santificadas.

3 – Igreja templo

Não há dúvida de que pertencemos a esse grande Corpo Místico que é a Igreja, que tem como fundamento os apóstolos e a pedra principal o próprio Jesus. Como podemos ler na carta do Apóstolo Paulo (ou de um de seus discípulos) à comunidade de Éfeso: *"Assim, pois, vós já não sois estrangeiros nem hóspedes, mas sois concidadãos dos santos e membros da família de Deus, edificados sobre o fundamento dos apóstolos e dos profetas e tendo como pedra angular o próprio Cristo Jesus. Nele, toda construção cresce bem ordenada para ser templo santo no Senhor; nele, vós também sois integrados na construção, para vos tornardes morada de Deus no Espírito"* (Ef 2,19-22). Sim, em Jesus Cristo, somos transformados em templo do Espírito Santo e morada de Deus. Todos nós, santuários espirituais, congregamo-nos para formarmos parte do grande Corpo Místico de Jesus.

Reunimo-nos em um templo, na capela, na matriz, na igreja da paróquia, na catedral, no santuário, na basílica, cujas construções físicas demarcam um espaço sagrado onde nosso Deus habita e seus amados se encontram. O centro desses espaços sagrados é o altar, sobre o qual acontece o sacrifício perene do Cordeiro sem mancha, Jesus Cristo. Nas palavras e nos atos daquele que age na pessoa de Jesus (*in persona Christi*), o sacerdote oferece, em nome de toda a assembleia, o sacrifício incruento do Filho ao Pai. Cordeiro imolado por amor infinito que nos deu a salvação. É ali, nesse espaço sagrado do templo, que nos fortalecemos e aprofundamos nosso entender sobre o que é ser cristão no mundo.

É inquestionável o fato de que já caminhamos muitíssimos quilômetros espirituais nessa nossa busca da santidade. Fizemos a experiência do confronto com nossas tentações mais sedutoras no deserto; descobrimos a verdadeira face de Deus, reconhecendo-O como o Pai Misericordioso e, com total confiança, cremos que jamais nos abandona e nos aceita sempre de volta, apesar de nossos pecados; entregamos todo o nosso ser em suas mãos, prometendo sermos perseverantes, mesmo que as adversidades e tragédias queiram romper esse lindo relacionamento; reencontramos a beleza divina na união e na oração em família, centro de nosso lar; e decidimos seguir o sonho de Jesus, de que nós vivamos e cresçamos em comunidade. A santidade está impregnada em nosso ser e transborda de nosso coração. No entanto nenhuma dessas conquistas nos garante a vitória diante das forças constantes que querem cortar essa nossa sincera ligação de amor com Deus. As tentações para que desistamos desse caminho de santidade são inumeráveis na vida de comunidade, mas não são, de forma nenhuma, invencíveis.

4 – Vermes que destroem a árvore e os frutos

Viver em comunidade é uma exigência sem a qual não nos realizamos enquanto cristãos no mundo. É por meio da partilha dos sorrisos, da amizade das famílias, dos trabalhos pastorais, dos sonhos em comum que vamos nos consolidando enquanto comunidade de santos. Os frutos da santidade são postos a serviço do bem comum. No entanto, se descuidarmos de algumas das etapas anteriores, jamais entenderemos o mais pleno sentindo do viver em comunidade.

Quando vemos irmãos e irmãs frustrados com a vida cristã, porém participando assiduamente das celebrações e orações no espaço sagrado do templo, sabemos que pularam etapa. Talvez jamais tenham se recolhido ao deserto para enfrentar seus demônios internos (medos, traumas, inseguranças, mágoas, altivez, vaidade, descontrole sexual, secura na fé etc.). O deserto do silêncio contemplativo é fundamental para uma revisão de vida, um exame de consciência completo. Se não identificarmos o que nos aprisiona por dentro, jamais poderemos ser libertos.

Pode ser também que esses cristãos ainda não tenham descoberto a face misericordiosa do Pai, tendo uma imagem destorcida de quem seja Deus. É possível que ainda professem a fé em um deus criado pelas amarguras, pelos desejos de vingança e pela vontade de poder do próprio ser humano. O deus que responde somente às necessidades pessoais e as preenche. E ainda podemos ver a possibilidade de que essas pessoas tenham simplesmente se tornado cristãs por mera tradição dos pais, sendo, assim, mais frágeis diante das adversidades, pois, sem comprometimento e confiança, não há perseverança.

Sim, caros leitores, a probabilidade é muito grande de que esses nossos irmãos e nossas irmãs, que destoam a vida da nossa comunidade, tenham prescindido de uma das etapas essenciais na busca da santidade e da maturidade da fé. E esse é o intuito deste livro: conscientizar os interlocutores da necessidade indispensável de se experienciar todos os trajetos da nossa grande estrada espiritual, valorizando cada suor derramado e cada gota de sangue dos nossos sacrifícios. Precisamos resgatar também este nosso próximo que está conosco na Igreja, mas que ainda se encontra distante do Pai Misericordioso, afinal, a vida desse filho é tão valiosa quanto a do outro que estava no chiqueiro e retornou.

Com nossa árvore espiritual já frondosa, resultado daquela sementinha de fé que plantamos lá no nosso deserto espiritual, no recolhimento e na fuga que fizemos em relação aos ruídos do mundo, os frutos começam a aparecer pela nossa caminhada na vida de comunidade. É certo que já começamos a colher alguns deles: já conseguimos controlar a língua e falar menos das pessoas; somos capazes de nos recolher na oração pessoal, momento íntimo de diálogo com Deus; também começamos a nos reunir em família para o louvor e a adoração Àquele que é o Senhor do nosso lar; e estamos em uma boa caminhada de vida de comunidade, buscando os que estão caídos, acolhendo os que chegam e amando os que já estão conosco. Portanto é justo dizer que nossa pequena sementinha desenvolveu-se qualitativamente e já podemos saborear os primeiros frutos da santidade. Além da sombra que refresca os que estão sofrendo no calor calcinante do mundo, nossa árvore também produz fruto, alimento para os caminheiros.

Sim, o caminho tem sido tortuoso, íngreme, esburacado e ladeirento, mas nós conhecemos muito bem nosso Mestre Jesus Cristo e bebemos de uma fonte impoluta que nos inspira: se Ele passou pelo mais doloroso dos caminhos e saiu vitorioso, por que então teríamos medo? Isso tudo para dizer que, agora que nossa árvore está frondosa e frutífera, precisamos nos preparar para receber as pedradas, os vermes nos frutos e os parasitas que nos atacarão com toda a força.

5 – As três grandes tentações diabólicas

Jesus venceu as tentações no deserto, que são as mais poderosas e simbólicas. Na vida de comunidade, somos tentados a todo momento a mudarmos de aliança, a optarmos por novos senhores. Essas vozes são poderosas e têm derrubado até mesmo grandes homens da história da nossa humanidade. O Prazer, o Poder e o Ter resumem todas as investidas mais agressivas contra nossa santidade.

A primeira dessas tentações, o Prazer, sussurra aos nossos ouvidos todos os dias. Toda vez que, na comunidade, olhamos para os irmãos e as irmãs como objetos sexuais, rebaixamos sua dignidade de vida, sua beleza, enquanto templo do Espírito e morada de Deus. Essa tentação atrai muitas pessoas à nossa comunidade somente para olhar com malícia os demais irmãos e irmãs. Casos de abusos e assédios sexuais aparecem vez e outra nas nossas sacristias, salas de catequese, casas paroquiais, conventos religiosos e capelas ao redor do país e do mundo. Será que esses abusadores e assediadores estão enfermos espiritualmente? Será que nunca confrontaram seus demônios internos e os escondem atrás da máscara da hipocrisia e dos barulhos da modernidade? O prazer egoísta tem poder de destruir, de arrasar, de matar a dignidade do próximo, pois as vítimas carregam cicatrizes dos abusos por toda a vida. Todos os excessos daquilo que, licitamente, permite-nos sentir prazer são intrinsicamente maus. Por isso vemos a destruição de muitos lares também pelo uso de bebida alcoólica. Quantos males esse vício nos traz! As drogas, que oferecem prazeres momentâneos, destroem vidas e mais vidas, especialmente da nossa juventude. As traições dos cônjuges, iludidos pelo prazer carnal fácil, o comer, o dormir, o fazer exercícios na academia, o gastar, o brincar, o jogar, tudo isso nos causa danos, quando a medida é exagerada. Esses são prazeres que nos foram dados como dádivas do nosso Criador, mas que precisam ser bem administrados por nós, receptores desses presentes.

O Poder é uma das maiores causas de queda dos nossos caminhantes rumo à santidade. Tomemos uma pessoa da comunidade como exemplo. Aparentemente, ela está em um percurso tão louvável de espiritualidade, de intimidade com Deus, que é escolhida para ser ministra ou coordenadora de sua capela. Mesmo sem formação nenhuma na área de administrar ou com pouca compreensão teológica do Sacramento, ela se torna a pequena imperatriz (ou o grande imperador) da capela. Não dialoga; faz tudo à sua maneira; cria seus próprios cultos; humilha seus irmãos e suas irmãs; torna-se a maior autoridade em todos os assuntos da comunidade. Mais uma vez, percebemos que essa pessoa queimou alguma etapa do conhecimento pessoal e dos exercícios espirituais. Ela se entregou totalmente à tentação do poder autoritário. Deixou corromper sua espiritualidade, porque o poder tem esta habilidade: fazer o rei crer que está vestido, enquanto, na realidade, está nu. E isso vale especialmente aos sacerdotes, aos bispos e a todos que possuem autoridade na Igreja, que jamais se rendam à voz encantadora, porém destrutiva do poder. Precisamos ajudar esses irmãos e essas irmãs que estão inebriados pelo poder nas nossas comunidades a se libertarem das garras de tão hábil tentação.

Nem é imperativo descrever com muita prolixidade os perigos que a tentação do Ter pode acarretar. Há inúmeros casos de irmãos e irmãs que se enriquecem com o dinheiro da comunidade, das paróquias, das dioceses e dos santuários. Aproveitam-se da oferta do coração bondoso, que seria dedicada às obras de caridade e ao sustento da própria Igreja, desviando-a para fins narcisísticos. Roubar dos cofres sagrados para satisfazer seus próprios interesses: um pecado que realmente brada aos céus! A santidade consiste em conhecer, amar, entregar-se, perseverar e produzir frutos no relacionamento com Deus. *"Ninguém pode servir a dois senhores: ou desagrada a um e agrada ao outro, ou dará preferência a este e desprezará aquele. Não podeis servir a Deus e ao dinheiro"* (Mt 6,24).

Leitores queridos, correligionários na busca da santidade, o "divisor" vai avançar contra tudo aquilo que nós construímos todos os dias da nossa caminhada cristã. Nossos exercícios espirituais não são em vão, mas servem para nos preparar para a batalha. Nossa luta contra essas tentações primordiais se torna ainda mais penosa na vida de comunidade, pois, além de vigiar para que não vacilemos ante a tão impetuosas vozes, é nossa missão como santos proteger, guiar, aconselhar e acompanhar nossos irmãos e nossas irmãs.

6 – Escudo da fé

Se as tentações são poderosas e atacam nossa alma e nossa comunidade frequentemente, também ganhamos dos céus essa armadura esplêndida para nos proteger dessas investidas. A Eucaristia, Corpo e Sangue do próprio Jesus, Cordeiro Imolado, fortalece-nos verdadeiramente. Leiamos as seguintes palavras das Catequeses de São Cirilo de Jerusalém, no século IV: *"Recebamos, portanto, o Corpo e o Sangue de Cristo com toda força da fé. Porque na forma de pão, encontra-se o Corpo, que é oferecido a vós; e na forma de vinho, encontra-se o sangue, que é entregue a vós. Assim, ao receberdes o Corpo e o Sangue de Cristo, vós vos transformais em um só corpo e em um só sangue com Ele. Assim sendo, tornamo-nos portadores de Cristo ao absorver seu Corpo e seu Sangue em nossos membros".*

Essas palavras são para nós um ensinamento penetrante. Nós não comungamos apenas para sermos contados como cristãos católicos, mas sim para nos transformar em Cristo; nosso coração se torna um sacrário que portará o Santíssimo aonde formos e para aqueles com os quais nos encontrarmos.

Sim, é necessário preparar o templo do Espírito Santo. Não há dúvida de que o Senhor veio para os mais necessitados, pois são os enfermos que precisam do médico, e estamos nessa jornada de santidade exatamente para ajeitar a morada do Senhor; que o sacrário de Jesus, nosso coração, esteja bem composto. Nas palavras do bispo e mártir inglês do século XVI, São João Fisher, em seu Comentário sobre os Salmos: *"Os que participam desse santo e eterno sacrifício são todos aqueles que experimentam a verdadeira contrição e o arrependimento dos pecados cometidos e decidiram-se firmemente a não mais voltar aos vícios antigos, perseverando com firmeza no caminho das virtudes a que se propuseram".*

É realmente essa verdade que queremos levar para nossa vida. Que não mais permitamos ser habitados pelos demônios de outrora, que controlavam nossa língua, que aprisionavam nossa vontade, que destruíam nosso tempo de qualidade, que nos sufocavam com os ruídos do mundo e que nos roubavam os bens mais valiosos. Com a Eucaristia, nós nos transformamos em cristóforos, portadores de Jesus, como na citação anteriormente. Levá-lo no âmago de nosso ser é dar ao mundo a oportunidade de sentir sua presença transformadora. Cristãos católicos que participam do Grande Sacrifício Eucarístico (Banquete da vida) devem ser o próprio Cristo no mundo, atualizando suas palavras, seus gestos e sinais.

Os ensinamentos dos Padres da Igreja, nos primeiros séculos, são fontes riquíssimas de espiritualidade. Muitos de nós ainda não conhecemos seus textos. Mas como é belo saber que nossa Igreja possui tesouros escondidos para que, ao encontrá-los, enriqueçamos ainda mais nossa espiritualidade! Discípulo muito próximo dos acontecimentos apostólicos, o romano Justino Mártir, teólogo e defensor da fé do início e meados do século II, deixou-nos esta belíssima passagem sobre a Eucaristia em sua Primeira Apologia em favor dos cristãos: *"Pois não recebemos estas espécies como pão e bebida comuns. É fato que, da mesma maneira que Jesus Cristo nosso Salvador, ao se fazer homem pela Palavra de Deus e carne e sangue para nossa salvação, da mesma forma fomos ensinados que a oferta abençoada pela oração de suas mesmas palavras, e da qual nosso sangue e carne são nutridos pela transmutação, é a carne e o sangue do próprio Jesus que se encarnou"*.

E ainda temos o formidável testemunho de Santo Irineu de Lyon, bispo e mártir do século II, que foi discípulo de Policarpo de Esmirna (este, por sua vez, foi discípulo de João Evangelista, segundo relatos antigos), que escreve sobre a Eucaristia em seu Tratado contra as Heresias: *"Assim sendo, quando o cálice com vinho e água misturados e o pão natural recebem a palavra de Deus, transformam-se na Eucaristia do sangue e do corpo de Cristo. São eles que alimentam e fortalecem nossa própria carne. Como pode ser possível que eles neguem que a carne é capaz de receber o dom de Deus, que é a vida eterna; essa carne, que é nutrida pelo sangue e pelo corpo de Cristo, e se torna membro d'Ele?"*.

Que nos tornemos membros do seu corpo, alimentando-nos sempre desse dom espiritual, assim seremos mais resistentes aos chamados incansáveis das tentações que querem distanciar a nós e a nossos irmãos e nossas irmãs da misericordiosa presença do Pai Celestial.

Oração para Vida de comunidade

Senhor Jesus, venho pedir-vos ânimo e coragem para continuar a vida de comunidade.
Vós sabeis que, muitas vezes, frustro-me com as atitudes dos meus irmãos.
Vejo, não raras vezes, a Igreja sendo transformada em palco, em comércio e em rinhas acirradas.
Ouço também as vozes sedutoras da discórdia, da inveja, da prepotência, do ódio e da vaidade.
Sei que elas querem e, muitas vezes, conseguem seduzir a mim e aos meus irmãos.
Que eu vá com alegria para a maior celebração de Ação de Graças, a Santa Missa;
que eu seja uma presença acolhedora e transformadora, como vós sois em nossa vida.
Abençoai-me para que, unido a vós e à vossa Mãe, eu possa viver e crescer em comunidade! Amém

FINAL

SANTIDADE PÉ NO CHÃO

1 – Santos humanos

Na última citação de Irineu, no capítulo anterior, percebemos o combate ardente do santo mártir contra uma forte heresia que negava a Encarnação de Jesus a partir do século II. Esses separatistas afirmavam que a passagem do Cristo pela terra teria sido apenas aparente, como um fantasma. Jesus teria sido apenas um simples jovem humano de Nazaré, que recebeu uma luz do Espírito Santo no momento do Batismo, mas que o abandonou no momento da sua morte na Cruz. O Cristo teria vindo apenas como aparência (*δόκησις*, em grego), por isso esses grupos que divulgavam essa ideia eram chamados de docetistas. Irineu nos lembra que a carne é capaz de receber o dom de Deus, a vida eterna. Não podemos viver como se fôssemos anjos, desencarnados, porque não o somos!

Ainda hoje, se não cuidarmos bem do nosso equilíbrio mental e da nossa estabilidade espiritual (fé madura), voltaremos a ser como aqueles docetistas (negadores da Encarnação) combatidos por Irineu. A carne não é desprezível e malévola intrinsecamente. Os prazeres também não são abomináveis em si mesmos, pois foi essa mesma carne, com os mesmos prazeres que a habitam, que Deus escolheu para assumir; e Jesus continua no meio de nós, dos humanos carnais, pela Eucaristia, habitando nossa carne mortal.

Portanto busquemos o equilíbrio, o meio-termo, a santidade coerente e sábia. Depois deste longo caminho que já trilhamos, estamos maduros o suficiente para entendermos nosso próprio corpo e nossa própria espiritualidade. Tudo aquilo que divide nossa vontade, nosso amor e nossa dedicação a Deus, descartemos sem demora, pois é claramente o trabalho do "divisor". Todas as outras experiências que não interferem no nosso relacionamento franco e mútuo com Deus são aceitáveis como instrumentos aliados à nossa jornada espiritual de santidade. Todo santo é bem equilibrado e consciente, tem pé no chão e é decidido.

Somos santos sim, por isso rimos, passeamos, dormimos, comemos, bebemos, divertimo-nos, amamos, jogamos, brincamos, apaixonamo-nos, irritamo-nos, perdemos a paciência, cometemos deslizes, decepcionamos. Somos um conjunto de vivências variadas, sem jamais perder o foco da nossa caminhada de crescimento espiritual. Nas simples e penetrantes palavras do Papa Francisco em sua Exortação Apostólica "Alegrai-vos e Exultai" *(Gaudete et Exsultate)*:

"Não tenhas medo de apontar para mais alto, de te deixares amar e libertar por Deus. Não tenhas medo de te deixares guiar pelo Espírito Santo. A santidade não te torna menos humano, porque é o encontro da tua fragilidade com a força da graça. No fundo, como dizia León Bloy, na vida 'existe apenas uma tristeza: a de não ser santo'".

Não queremos ser tristes, por isso decidimos percorrer essa caminhada exaustiva rumo aos lugares especiais que nosso Senhor Jesus Cristo nos preparou na morada eterna do Pai Misericordioso; é um caminho de mão única, sem volta. Queremos ser santos, pela graça de Deus, que nos ama infinitamente assim como somos, porque nos criou e colocou em nós a capacidade para o desenvolvimento e amadurecimento espiritual. Ele nos amou primeiro!

2 – Santidade nossa, alimento dos outros

Atingindo certa maturidade espiritual, já não queremos nos alimentar do leite das crianças, mas sim do alimento sólido que a fé perseverante nos proporciona. Muitos dos nossos irmãos e irmãs podem ainda estar vivendo uma fé "fogo de palha", que produz um clarão momentâneo, deixando todos admirados, mas logo apaga e vira pó. Fé sem raízes produz plantas muito frágeis, que são arrancadas na primeira ventania que enfrentam. Lembremo-nos das árvores que vivem milênios.

Não sei se já testemunhou algum caso de pessoas que participavam da vida da comunidade, até mesmo desempenhando trabalhos pastorais bonitos, mas abandonaram completamente a fé na Igreja e, até mesmo, o relacionamento com Deus por fatores e razões menores. Até mesmo rapazes que estudavam para ser padres ou moças que viviam nos conventos para se consagrarem inteiramente a Deus, quando saíram, abandonaram absolutamente tudo, endurecendo o coração e se distanciando de Deus. O barulho do mundo os devora. Infelizmente, muito disso acontece todos os dias na vida das nossas comunidades. Assim sendo, cuidemos seriamente da nossa árvore frutífera, esforçando-nos para que suas raízes penetrem ainda mais intensamente no solo sagrado e combatendo todas as pragas e todos os ataques que querem machucar os frutos já produzidos.

Esses frutos saborosos que nossa árvore espiritual está produzindo precisam ser o alimento daqueles que têm fome. Todas as virtudes que a santidade produz devem ser colocadas à disposição da vida da nossa comunidade, especialmente no auxílio aos mais pobres e abandonados. Os pobres não têm o que comer, o que vestir, onde morar, o básico para uma vida digna, por isso nossos frutos de santidade devem priorizar sua libertação. Os abandonados são aqueles colocados à margem por todos os demais; considerados impuros, pecadores, sujos. É imprescindível acolhê-los imediatamente, sem nenhum medo de nos "contaminar". Os santos não devem abandonar o irmão que a sociedade agrediu e deixou caído no chão, sujo e sangrando. *Quem é meu próximo?* Perguntou o doutor da lei a Jesus, que procedeu a nos contar umas das parábolas mais tocantes nos Evangelhos: o Bom Samaritano (Lc 10,23-37).

Mergulhemos no significado mais elementar desse tesouro literário que Jesus nos dá. Um homem desce de Jerusalém a Jericó, provavelmente vindo de um culto que havia terminado no templo da capital. Pensamos assim, porque os dois outros personagens também estavam fazendo o mesmo caminho a Jericó e sabemos serem eles funcionários do templo de Jerusalém. Esse pobre homem piedoso é assaltado e agredido até o ponto da morte, possivelmente por conterrâneos judeus, iguais a ele, talvez até mesmo frequentadores do templo e tementes a Deus. O sacerdote e o levita, vindo do culto na Casa de Deus e rumando a suas respectivas moradas, enxergam o irmão quase morto e passam adiante porque não querem se envolver. Então um samaritano passa pelo caminho, enxerga o irmão caído e tem compaixão (sente a dor do outro). Para onde ia esse viandante ou de onde vinha? Não sabemos essa informação. Jesus diz que esse homem cuida das feridas do caído e leva-o, no lombo do seu cavalo, a uma hospedaria (talvez na própria Jerusalém). Paga todas as despesas e ainda retorna para acompanhar sua convalescência. E Jesus volta seu olhar ao doutor e devolve a pergunta: quem é o próximo desse homem agredido? A resposta dele clareia nossa mente a respeito do nosso próximo: aquele que o tratou com bondade (que usou de misericórdia). Jesus conclui: vai e faze o mesmo!

Para entendermos a seriedade disso tudo, temos de levar em conta como os samaritanos eram vistos pelos judeus. A região da Samaria era habitada por judeus, que falavam a mesma língua e tinham as mesmas esperanças que os do Norte, na Galileia, e os do Sul, na Judeia. Fatores históricos fizeram com que esses judeus samaritanos fossem execrados pelos demais. Mais abertos aos sincretismos e à pluralidade, os samaritanos se tornaram o opróbrio de Israel, os traidores e desertores por excelência. Eles eram o símbolo da infidelidade para com Deus. Todo bom judeu do Norte e do Sul considerava os samaritanos impuros, pecadores e a serem evitados a qualquer custo. Mas, ainda assim, Jesus, um bom judeu do Norte, diz ao doutor da lei que não importa quem seja neste mundo, usando de misericórdia e de bondade, este será o próximo com primazia.

E quem é esse samaritano moderno? É aquele que pensamos ser intocável, impuro; por quem a sociedade tem ojeriza. O mendigo, o preso, o homossexual, a prostituta, o estrangeiro, o ateu. Todos os irmãos, que se expressam e existem no mundo, possuem plenamente a graça de Deus em sua vida e são dignos de nossos frutos de santidade. É especialmente para esses pobres, feridos e desprezados que nossas virtudes produzidas pela jornada espiritual devem ser direcionadas.

Queremos chegar a eles e convidá-los a fazer essa caminhada espiritual que já estamos experimentando; guiá-los para a direção do deserto espiritual, onde poderão enfrentar seus próprios demônios internos; acompanhá-los neste encontro com nosso Deus Misericordioso, que espera ansioso para recebê-los com beijos e abraços; incentivá-los a permanecer fiel neste relacionamento de confiança e entrega total; motivá-los a participar da Santa Eucaristia, para serem portadores do Cristo Jesus para onde forem, novas testemunhas da Misericórdia; encorajá-los na vida de comunidade, onde nós nos realizamos enquanto cristãos no mundo, protegidos pela presença salvífica de Jesus na Palavra, na Eucaristia e na Assembleia; e protegê-los de todos os ataques e todas as hostilidades, limpando suas feridas e ajudando-os a carregar sua pesada cruz.

Portanto nossa caminhada de santidade não está sendo em vão. Nossa viagem espiritual na convivência plena com Deus leva-nos a ser testemunhas aos demais irmãos e irmãs, tentando inspirá-los a se entregar a esse verdadeiro caminho de prazer e realização aqui na terra, o qual continuaremos por toda a eternidade. E Jesus disse que vai usar desse parâmetro para nos julgar no último dia, quando estivermos diante de sua presença celeste: *"Pois eu estive com fome e não me destes de comer, estive com sede e não me destes de beber, fui estrangeiro e não me acolhestes, estive nu e não me vestistes, estive doente e na prisão e não me visitastes". (...) "Na verdade vos digo: cada vez que deixastes de fazê-lo a um desses mais pequenos foi a mim que o deixastes de fazer"* (Mt 25,42-45). Jesus se identifica plenamente com os pobres e abandonados, e nossa santidade é gerada para eles e fortalecida por eles.

CONCLUSÃO

Caríssimos leitores, chegamos ao fim deste pequeno guia para inspiração à santidade, mas nossa jornada apenas começou. Esse esforço peregrino aqui na terra só termina mesmo quando formos chamados à presença da Santíssima Trindade e, n'Ela, permanecermos na alegria eterna dos santos, da qual experimentamos uma pequena amostra em nossa jornada do "aqui e agora". *"Mas os santos do Altíssimo receberão o reino e o possuirão para sempre, eternamente"* (Dn 7,18).

Ser santo já aqui na terra vai exigir de nós o desapego de tudo aquilo que corrompa os frutos que adquirimos no relacionamento íntimo e verdadeiro com Deus, pois esses são para o sustento dos nossos irmãos e das nossas irmãs mais pobres e abandonados. Navegaremos contra a corrente, sendo considerados loucos e atrasados, chatos e inoportunos. Amaremos ainda mais a todas as pessoas, mas seremos perseguidos e diminuídos, tentados e humilhados. Quanto mais nos caluniarem e desprezarem, mais amor distribuiremos no mundo. Os santos são sempre incompreendidos, mas fazem toda a diferença no espaço e no tempo em que se situam.

Em uma carta enviada a um pagão culto do início do século II, chamado Diogneto, um autor cristão anônimo diz o seguinte: *"Os cristãos são de carne, porém não vivem segundo a carne. São moradores da terra, mas sua cidadania está no céu. Obedecem às leis promulgadas, mas com sua maneira de viver ultrapassam as leis. Amam a todos e são perseguidos por todos. Muitos os condenam sem mesmo os conhecerem; entregues à morte, oferecem a própria vida. São pobres, mas enriquecem a muitos; tudo vem a lhes faltar, mas vivem na abundância. São desprezados, mas enchem-se de glória diante das humilhações; são caluniados, mas salta aos olhos o testemunho de sua justiça. São amaldiçoados por muitos, e eles somente abençoam. Sofrem com o desrespeito e pagam com as honras. Praticam o bem e são castigados como malfeitores; ao serem punidos, alegram-se como se lhes dessem a vida. Os judeus sempre os perseguem como se fossem estrangeiros e os pagãos os assediam; mas nenhum desses que nutrem ódio por eles saberia dizer o motivo de tamanha antipatia"*.

Quanta sabedoria nessas palavras! O mesmo acontece com os verdadeiros cristãos de hoje, santos na modernidade.

Enfim, conseguimos atingir nosso objetivo: realizarmo-nos plenamente em Deus no aqui e no agora. Olhando para trás, conseguimos nos lembrar dos nossos tímidos primeiros passos. Tomamos Jesus como exemplo, e foi excepcional o caminho que nos ensinou. Bloqueamos todos os ruídos da correria deste mundo, que nos cegava com relação às limitações; e como foi bom termos tido a possibilidade de irmos ao deserto espiritual para nos recolhermos e refletirmos sobre nossos próprios limites! Nessa primeira fase do longo caminho, já obtivemos a graça de falar menos das pessoas com as quais convivemos e usar as palavras certas nos momentos propícios.

Adiantando um pouco nossa marcha, conseguimos meditar juntos sobre a verdadeira imagem de Deus e descobrimos a verdade que já estava revelada no Evangelho: que Ele é infinitamente Misericordioso e nos ama incondicionalmente. Dessa forma, ousamos nos lançar, sem nenhuma reserva, em seus ternos braços, que nos acolheram com tanta afabilidade; ali prometemos confiar sempre em sua soberana vontade. A oração começou a ser nossa aliada em todos os momentos da vida. Que presente lindo dos céus! A confiança gera, consequentemente, a perseverança, pois nada mais nos pode separar desse amor divino, infinito e puro. Como uma rocha, enfrentaremos todas as adversidades e tentações de voz suave que tentam destruir ou seduzir-nos para fora desse relacionamento.

Aprendemos a fortalecer nossos vínculos com Deus, convidando-O para fazer morada não somente no nosso coração, mas também no nosso lar. Unidos em oração na família, afugentamos todas as ameaças que rondavam nossa casa e assim continuamos. A família começou a se santificar, e, impelidos pelo amor da Trindade, mergulhamos na vida de comunidade. Ali encontramos a Palavra, que liberta; o irmão que nos faz companhia na caminhada; e a Eucaristia, que nos torna portadores do próprio Cristo no mundo. Produzindo muitos frutos saborosos pela santidade, colocamo-los à disposição da nossa comunidade, especialmente sendo presença ativa e transformadora na nossa Igreja. Redescobrimos, por fim, que esses frutos de santidade carecem ir além dos muros da Igreja e alimentar os mais sofridos deste mundo, que experimentam o sabor amargo da cruz com Jesus. A fé madura traz tantos benefícios à humanidade e ao mundo em que vivemos! Somos felizes por ser santos.

Eis abaixo, para que nos acompanhe até o fim da nossa jornada, a "carta" enviada por Jesus a todos nós, explicitando o que Ele deseja ver nos seus amados na terra. Pensemos bem se estamos cumprindo essas exigentes palavras de nosso Mestre: *"Felizes os pobres em espírito, porque é deles o Reino dos Céus. Felizes os que choram, porque Deus os consolará. Felizes os não violentos, porque receberão a terra como herança. Felizes os que têm fome e sede de justiça, porque Deus os saciará. Felizes os misericordiosos, porque conseguirão misericórdia. Felizes os de coração puro, porque verão a Deus. Felizes os que promovem a paz, porque Deus os terá como filhos. Felizes os que são perseguidos por agirem retamente, porque deles é o Reino dos Céus. Felizes sereis vós, quando os outros vos insultarem, e perseguirem, e disserem contra vós toda espécie de calúnias por causa de mim. Alegrai-vos e exultai, porque recebereis uma grande recompensa no céu. Pois foi assim que eles perseguiram os profetas que vos precederam!" (Mt 5,3-12).*

Bem-aventurados, Felizes e Santos são os nomes dados a todos nós que arriscamos viver por amor, seguindo os exemplos de Jesus, inspirados pelo Espírito Santo, que nos dá frescor a cada dia, na união estreita com o Pai. *"Pois está escrito: 'Sede santos, porque eu sou santo'"* (1Pd 1,16). Belíssima jornada a todos!

ÍNDICE

Este livro foi composto com as famílias tipográficas Cinzel, Segoe, Source, Times New Roman e Trajan Pro e impresso em papel Book Ivory 65g/m² pela **Gráfica Santuário.**